MAGIA

SEXUAL

MAGIA

SEXUAL

VLADIMIR BURDMAN SCHARZ

La Magia Sexual

Vladimir Burdman

Editado por Alicia Carriles

Cover: The Little French eBooks

Published by Marco A Diaz

Published 2014

Printed by CreateSpace in the United States of America

CÓMO UTILIZAR LA MAGIA SEXUAL

La magia sexual es una de las más potentes magias existentes. Con la magia sexual estamos trabajando con la energía de la creación y con fuerzas vivas muy potentes para el ser humano. El evento psicológico es el orgasmo. La magia sexual es el arte de usar el orgasmo. O sea, debemos entender que el poder más grande que tenemos es la energía sexual, es el poder creativo, el poder de la creación: de crear nuevos seres dándoles vida. Si dentro de ese acto nosotros realizamos y creamos vida, somos creadores. Es decir, estamos utilizando una energía primaria extremadamente poderosa para crear nuevos seres con nueva materia, para dar oportunidad a nuevas almas o almas viejas para evolucionar

¿Entonces la energía sexual radica en el orgasmo?

Lógicamente, cuando nosotros hablamos de orgasmo es la culminación del acto, de la realización sexual. Pero, para preparar un orgasmo positivo, y digo positivo en el sentido de asegurarnos de que esa energía no se pierda. Para que no se disipe, hay que preparar todo. Entendamos que, ello conlleva un conjunto de pequeños detalles que dan forma a un ritual preparado para el acto final. El acto final, me refiero, al orgasmo. La magia también sería la preparación para ese momento. Uno trabaja, uno prepara la situación, prepara la energía, la incrementa hacia el momento del orgasmo que es el momento cuando culmina la magia.

¿Con esto se entiende que el acto no debe ser un hecho solamente carnal y placentero sino que tiene que estar conformado de mucha energía y mucho amor?

Lógicamente, el único de los animales dentro de la naturaleza que tiene sexo por gusto es el hombre. Porque todas las otras especies se aparean cuando están en celo y para procrearse, pero el único ser que busca el placer por sí a través del sexo. Ese, es el hombre. Y, realmente, yo pienso que se ha prostituido esa magia porque se está realizando de una manera muy, pero muy, equivocada.

¿Cree que es necesario hacer mucho énfasis en que se está hablando de magia blanca?

Lógicamente estamos hablando de magia blanca. Vuelvo a repetir lo que he dicho muchas veces, no existe la energía positiva o la energía negativa, la energía es siempre la misma lo que pasa es que la tónica se la damos nosotros. Cuando la tónica es buena es magia blanca, es energía positiva. Cuando la tónica es negativa es magia negra, es energía negativa. Eso significa que, realmente a través del acto de la magia sexual, se pueden hacer cosas: hacer cosas malas y cosas buenas. Volvemos a lo mismo, es la energía. Uno es quien la convierte en buena o en mala. Lo que quiero aclarar es lo siguiente, el éxito de la magia sexual consta de varios factores: todos los aspectos de percepción extrasensorial se incrementan durante el acto sexual, automáticamente. Antes, durante y después del clímax la mente está en un estado de hipersensibilidad. La dirección adecuada de las sensaciones y excitaciones facilitan el acceso a los niveles del subconsciente y a su gran poder. Durante el orgasmo, muchas personas han experimentado como si estuvieran en un limbo sin tiempo, sin espacio, en una total disolución del ego y envueltos en sensaciones exaltantes y grandiosas.

Muchas veces, al utilizar la energía sexual hay un detonante, como una bomba que nos sacude, que nos saca fuera de la materia y nos eleva a otros planos y, aunque dura una décima de segundo, nosotros estamos en ese momento en una vibración diferente, en una tónica diferente, en un espacio y en un tiempo diferente al que está la materia. Cuando la persona con la cual se realiza ese acto no comparte esto, suceden dos cosas: el que lo disfrutó y lo logró, lo aprovechó pero no completo, porque no se cerró el círculo, porque tienen que ser ambas energías en comunión. Una persona perdió energía y otra la ganó. La persona que la ganó se puede proyectar a otra dimensión, y la otra simplemente perdió esa energía -se pudiera beneficiar si estuviera consciente, pero si no está consciente pierde la energía. O sea, hay que comprender lo siguiente: vamos a visualizar un triángulo con las dos puntas abajo unidas, pero el triángulo en vez de cerrarlo, y así formar el triángulo, se forma como un cuadrado donde ambos dispersan la energía, y queda un espacio abierto y es por allí que los dos pierden energía. Pero cuando hay una comunión perfecta este se cierra, se forma un triángulo, y entonces la energía se recircula a través de ambas personas como un circuito cerrado de energía y ambos se recargan de energía; no pierden, sino que ambos ganan energía. Es necesario comprender que cuando una persona tiene una relación y queda cansado y se duerme es porque perdió energía, porque uno no debe dormirse jamás -a menos que el cansancio esté después de un día de arduo trabajo. Por ejemplo, una persona que está metida dentro del mundo espiritual y que tiene una vibración mediana - tiene una proyección positiva, y esta se acuesta con una prostituta, quien es promiscua, ha recogido un basurero energético y espiritual de todos con quienes ha mantenido relaciones sexuales, así que esa persona limpia a esa mujer porque como es un polo positivo todo el polo negativo se lo pasa a él. Él se descarga y ella se carga. Por eso, es algo un poco fuera de contexto que una persona de cierta elevación vaya a tener sexo con una persona que tenga muchas relaciones con diferentes personas y con diferentes auras y energías, y esta la recargue y se descargue él mismo de su positivismo. Entendamos, que es sumamente peligroso acostarse con cualquiera primeramente, segundo, si una persona está trabajada con magia negra y una persona con una carga positiva mantiene relaciones sexuales con ella, esta se descarga y toma parte de esa negatividad- porque es como un enchufe directo, es decir, como si fuera una toma de corriente. Al enchufarse se está conectándolo con esa energía directamente. De hecho, allí no hay intermediario, no hay puente de por medio, no hay absolutamente nada. Automáticamente toda la energía positiva y negativa circula a través de ambos cuerpos. Lógicamente el que tiene más positivismo, recoge la parte negativa, eso es algo matemático. Entonces, la persona que se sentía muy mal se va a empezar a sentir muy bien, mientras que el otro quien se sentía bien se va a sentir malísimo porque está recogiendo una carga energética negativa que no es suya.

Por eso, es que no solamente hay las enfermedades venéreas de las cuales se deben cuidar las personas a nivel sexual sino de la parte espiritual, que son a veces un mayor peligro, porque no se ven y no tienen cura. Porque no se puede inyectar penicilina para eliminar una carga negativa. Entonces, eso es mucho más peligroso. Hay que ser muy selectivo. ¿Qué se quiere decir? Uno ve, hoy en día, a los jóvenes y a los no tan jóvenes teniendo relaciones abiertamente con la persona que se le presente, como se presente, y a veces simplemente por hacerlo -donde no hay ningún vínculo, no hay ninguna atracción -a veces hasta es mecánico. Simplemente, se presentó la ocasión, y vamos aprovecharla -y a lo mejor ni gusta mucho o no provoca en ese momento, pero se hace por no desaprovechar la ocasión. Pero, no hay nada peor que eso porque de repente no puede pasar nada si la persona no está mal -en el aspecto espiritual pero si esa persona está cargada negativamente, tiene algún influjo negativo, algún trabajo de magia negra sobre ella, o está muy cargada espiritualmente por problemas propios, te descarga automáticamente y esa relación sale muy costosa -y no se refiere al dinero sino a lo que se paga de otras maneras - muy negativamente. O sea, que no solamente hay que ser selectivo sino extremadamente selectivo. No permanecer a la cacería de una persona simplemente por tener una relación, sino pensar que en ello hay un juego mucho más peligroso que el simple acto de tener una relación con una persona por pasar el rato. Porque, eso implica una cantidad de negatividad muy, pero muy fuerte. Por ejemplo, un individuo sortario le va muy bien económicamente, le va bien en la suerte, y gana, de vez en cuando, la lotería, los caballos, digamos que esta medianamente bien; se encontró con una mujer X, y esa mujer está con muchos problemas psíquicos, aparte de tener una brujería encima. Al acostarse con ese hombre que tiene más positivismo que negativismo, se traspasa automáticamente esa energía negativa, porque al tener la relación hay un intercambio directo como enchufarse al tomacorriente; entonces va el flujo de energía del hombre a la mujer y de la mujer al hombre. Lógicamente, ella recibe la parte positiva de él y ella le transmite su parte negativa, después de esa relación ese hombre ya no tiene la suerte que tenía y ya no le va bien en las cosas porque parte de su suerte, de su positivismo, se lo paso a la mujer. Por eso se dice que la unión de un hombre y una mujer puede ser para bien o para mal, pero no solamente a nivel de que la mujer sea trabajadora y gane dinero, estamos hablando de otro niveles más sutiles; de que una mujer positiva que tenga una carga de energía muy fuerte ayuda e incrementa la energía del hombre y lo hace más prolifero en todo -y lo ayude inclusive en su suerte, su trabajo, su salud; pero al revés mengua toda esa cantidad de cosas. Tener una buena pareja es un don divino, es una suerte. Ya seleccionarla es difícil pero simplemente debemos estar atentos a los parámetros que ya les he dado para seleccionar a la pareja adecuada, porque tener a la pareja inadecuada significa la diferencia entre el éxito y el fracaso.

¿Y cómo se haría entonces para obtener un método sexual de energización, cómo haría uno para saber cómo es eso?

Bueno, el acto sexual es el método más natural para generar el poder y la energía que necesitamos con el fin de realizar trabajos de magia. La total copulación sigue un proceso lento y que va en aumento más y más rápido hasta llegar a la explosión final que es el clímax. Lógicamente, primero hay que tener bien claro el objetivo a alcanzar. La pareja debe estar clara en todos los puntos dispuestos al generar la energía y proyectarlo a lo que se desea; por ejemplo: hay una pareja, la cual quiere comprar una casa, ya que no tienen casa propia, ¿cómo pueden aplicar a través de la magia sexual y proyectar un campo de energía que pueda realizar o ayudarlos a obtener una vivienda? Ellos van preparándose primero con la idea, nosotros queremos una casa, cómo la queremos, ¿dónde y en cuánto tiempo queremos esa casa que necesitamos? Aclaremos, hay que explicar todo como si lo estuviéramos explicando a alguien, el por qué quieres una casa, cómo la quieres cuándo la quieres, dónde la quieres y para cuándo la quieres. Después, que tú tienes todo eso claro, en el acto sexual se va generando un campo de energía in crescendo, se van preparando ambos para generar campos de energía a través de lo que se llama la preparación del acto sexual, a través, de ciertas caricias, ciertos ritmos específicos, cada pareja sabe excitarse.

Y esto debe ser expresado o simplemente en el pensamiento o a medida que se van dando esas caricias, con lo cual se va acentuando el nivel.

La idea de la casa está en la mente, ellos no tienen que estar hablando de la casa mientras están copulando sino simplemente la idea se habló y se concretó - antes de empezar la relación normal, y a medida que va creciendo la carga de energía hay que retrasarla lo más posible para generar un mayor campo de esta. A mayor campo energético, más poder se crea. Cuando se llega al clímax, allí, sí hay que tener claro, que la proyección de energía en el momento de la explosión tienen que contemplar los dos la idea mental. Los dos tienen que cargar la idea, ya ellos tienen una idea de cómo quieren la casa, y en el momento de generar esa energía –la cual es como si saliera un chorro de energía a través de la mente cargando la idea mental, se le da fuerza a eso. Esa idea al estar cargada, va trabajando para materializarse, para realizarse. Es un ejercicio que, a lo mejor, mucha gente no lo comprende o piensa que es muy difícil, pero no es difícil. Acuérdense que todo lo que nosotros pensamos, lo llevamos a cabo - menos cuando nosotros creemos que no lo podemos llevar a cabo. O sea, el ser humano puede hacer todo lo que él piensa que puede. Cuando piensa que no puede, él se limita y no puede. Realmente las limitaciones de nosotros están dentro de nosotros mismos, nadie nos limita. La mente no tiene límite, el poder mental tampoco. Nosotros podemos lograr todo lo que queremos. Lo que pasa es que la mayoría de las veces no tenemos la suficiente confianza en nosotros mismos para lograrlo.

Entonces volvemos al punto. En el momento del clímax, cuando hay la generación de la explosión como un volcán de energía, se carga de energía la idea. Eso tiene que hacerlo la pareja. Puede hacerlo una sola persona pero no es igual, porque necesitas dos polos uno positivo y uno negativo. El hombre tiene polo negativo y la mujer polo positivo, entonces no podemos proyectarlo. Ahora, hay parejas que alguna de ellas no creen en eso, y es el hombre o la mujer que no lo quiere hacer. Bueno, siempre queda la parte de que una de ellas lo haga. Lógicamente, que siempre va a estar la mitad de la energía proyectada, pero siempre es mejor hacerlo que no hacer nada -siempre algo de energía queda. Pero, lo importante es tener la idea clara y proyectarla positivamente. El cerebro humano es un generador de energía poderosísimo sin límite. Podemos tener todo lo que queremos, lo que tenemos que tener claro es qué queremos y cómo lo queremos, para cuándo lo queremos y por qué lo queremos.

¿Cómo se deben preparar las personas para la magia sexual?

El hombre y la mujer deben estar en una habitación agradable, sin que nadie los moleste, sin que nadie los interrumpa, y sentarse frente a frente completamente desnudos. Empezar a acariciarse lentamente, suavemente y sin apuros. Recordemos que es un ritual de magia, cuando uno va a hacer un ritual de magia tiene que estar solo, y sin que lo interrumpan, debe preparar su mente - concentrándose directamente hacia el trabajo de magia que se está haciendo. Este es un trabajo de magia muy poderoso porque estamos generando una energía directa. Cuando uno hace magia, uno genera energía que pide de arriba. O sea, que uno proyecta un campo de energía y toma la energía astral y la proyecta. Aquí, estamos intercambiando energía, aquí la energía está. Entonces hay que proyectarse, tener claramente las ideas como dije anteriormente, concentrarse en cada caricia, en cada sentimiento, en cada centímetro de piel, y sentir como uno va incrementando la energía. Más claramente, uno va sintiendo que hay un incremento de vibración en el cuerpo, uno va sintiendo ciertos parámetros, sientes calor, sientes una vibración, sientes una emoción, sientes un cosquilleo, va cambiando el generador que somos nosotros mismos. Entonces, esa vibración y ese cosquilleo va recorriendo todo el cuerpo; en ese momento el hombre sentado y la mujer encima van comenzando a tener relaciones. Es bueno estar sentado porque la columna está proyectada hacia arriba, no es igual cuando se está acostado. Porque al estar sentado los dos, la energía va entrando directamente. Cuando uno está acostado la energía circula de otra manera, no es para proyectarla, cuando están sentados van generando ese campo de energía, van incrementando esa energía hasta sentir que ya no aguantan. En ese momento, es el campo propicio para proyectar. Si ellos lo pueden prolongar, lo hacen, si no lo pueden prolongar simplemente se cuadran perfectamente porque tienen que ser un orgasmo conjunto no es que va a ser diferente porque así el campo de energía sale junto. Lo que significa que la explosión de energía que se vaya a proyectar sea conjunta, porque sabes lo interesante que sería en el momento del acto sexual si hubiera alguna cámara que pudiera fotografiar el campo áurico del hombre y la mujer cuando tienen el orgasmo; ello es como la explosión de una bomba atómica en miniatura, algo increíble y toda esa energía se pierde. Porque se hace y se disfrutó el momento y no se aprovechó esa energía, la cual se puede aprovechar para muchas cosas. Los grandes magos de todos los tiempos lo aprovechaban, y hacían magia sexual con las vestales en su templo, pero eso no eran bacanales, no eran orgías, ni era prostitución, era magia pura -lo hacia el sacerdote con todas las vestales. Entonces, realizaban actos de magia para un montón de cosas. Generalmente, eran para evolución espiritual y para cuestiones materiales, de hecho, era para tener más luz, más poder, más energía y desarrollar sus facultades. Se beneficiaban tanto las vestales como los sacerdotes. Los grandes magos modernos también realizan la magia sexual, no con todas las mujeres que tienen relaciones sexuales pero sí con algunas. Se debe entender lo siguiente, hay ciertas mujeres que son multiplicadoras de energía, ellas no lo saben, lo sabe el hombre porque es el hombre quien lo siente -hay muchos parámetros. Y hay mujeres que son descargadoras- que son vampiros astrales de la energía. O sea, que en vez de dar, menguan. Entonces, un hombre que se consigue una mujer multiplicadora de energía es un triunfador seguro, no tiene nada que ver con la edad, es la vibración que tiene la persona natamente, tanto el hombre como la mujer.

Lógicamente, que una muchacha más joven con un hombre mayor lo carga de energía pero no se comparte efectivamente, porque el canal energético de esa persona mayor no está en capacidad de canalizar esa energía que tiene la joven, se puede recargar momentáneamente o lo que puede tener momentáneamente son incentivos. Vamos a decir, que se siente más excitado, más motivado, porque es una muchacha joven y bonita, que con una persona adulta mayor. Yo diría que allí existe más un incentivo a nivel emocional, óptico, psíquico y físico, pero no en la carga de energía porque en esta puede haber una persona mayor que cargue y una persona joven que descargue. No tiene nada que ver con la edad, lo que tiene que ver es el canal. Si una persona que sobre todo está metida en el mundo de la magia consigue a la mujer ideal que lo cargue, que multiplique su energía, pues, los trabajos de magia van a salir muy buenos porque hay siempre cargas de energía de sobra, y si la mujer lo descarga va a estar fallo de energía. Si un hombre se acuesta con una mujer y se siente lleno de energía, lleno de poder, lleno de luz - claro tiene que estar consciente de la situación porque no cualquier persona se da cuenta de esto, pero si se siente que esta fuerte, enérgico, lleno de energía, de optimismo y su mente está clara; quiere decir, que agarro una carga muy fuerte de energía. Pero, en el caso contrario, puede tener una relación con X mujer y se siente con sueño, debilitado, agotado y como vacío por dentro, es porque allí le extrajeron la energía.

Por eso es que hay que evaluar a la persona con la que se tiene relación, analizar si es positivo o negativo y no tener relaciones por tenerlas simplemente a nivel animal, sino en un plan ulterior. Quiere decir, que se debe analizar si es positiva esa relación con tal o cual mujer, antes de tenerla, y también para saber utilizarla de una manera más práctica. A parte de disfrutar el acto en sí, es utilizar esa energía para que no se pierda. O sea, aprovecharla doblemente.

¿Tiene algo que ver en esto de recargarse de energía el que se tenga cierto régimen de abstinencia o de control de la actividad sexual? ¿Ello repercute o tiene algún significado?

Lógicamente, que cuando se quiere cargar de energía, no hay que botar la energía sexual. Uno debe limitarse en la cantidad y la frecuencia de las relaciones sexuales por un lado. Por otro lado, la abstinencia excesiva es mala porque entonces se recarga la próstata, no se reabsorben los espermatozoides. Aclaremos que, no es lo ideal, los extremos son malos. Ni tener demasiadas relaciones ni tener muy pocas, pero las que se tengan deben tenerse bien y con una concepción bien clara, con la pareja adecuada y la idea adecuada para realizar el acto de magia como debe ser.

Pero sería muy difícil escoger la pareja para la magia sexual a dedo, porque me imagino que previamente debería haber una relación afectiva, una relación de pareja normal.

Bueno, hay mujeres que en realidad tienen relaciones con dos o tres hombres - estos son amigos. Y salen con uno o a veces salen con otro. Ella misma puede analizar con cuál de ellos es más positivo. Estamos viviendo en una era moderna donde está pasando eso con mucha frecuencia y, de repente, esa persona dice: con fulano me siento bien, con más energía, con lucidez, con más fuerza y con zutano no y con el otro tampoco. Bueno, entonces que tenga relaciones con el que se siente mejor, y que trate de hablar con su pareja y que le trasmita los conocimientos de los que estamos hablando.

Posiblemente esa pareja puede ser un buen compañero para la magia sexual esa noche. Seamos claros, tener relaciones simplemente por tenerlas, es perder la energía. Cuando se dispersa la energía es como un tesoro que uno está botando. Es como tener millones, y entonces botarlo en nimiedades o no aprovecharlo en algo bueno. La magia hay que aprovecharla, tenemos el mecanismo y el conocimiento. No hacerlo depende de nosotros.

Cuando hablamos del lugar adecuado para realizar la magia sexual, ¿podemos agregarle a eso una música muy suave, un incienso, unas flores?

Todo lo que se haga para sentirse mejor, más armonizado, es correcto. La habitación que sea cómoda, que esté ventilada, se pueden poner unas rosas, un incienso suave, una música de fondo; lógicamente, todo eso ayuda a preparar psíquicamente a la persona, y si hay una compenetración y un entendimiento a nivel psíquico, espiritual y físico de las dos personas que van a realizar ese acto, está todo preparado y servido positivamente para realizar un acto de magia. A parte del disfrute normal sexual, con buen fundamento para tener éxito.

Hay que entender lo siguiente: que no es la cantidad de relaciones sino la calidad, porque se puede tener un contacto continuo con muchas mujeres y no disfrutar eso. Hacerlo mecánicamente o por obligación, y tener pocas relaciones pero muy eficaces, dentro del disfrute y dentro de la proyección de la magia. De esta manera, hay que buscar la calidad que te llene, que te complazca y que te ayude a proyectar; no la cantidad que sirva para menguar y perder la energía.

¿Cuáles son esas descargas sexuales que se dan en esas circunstancias?

Bueno, las descargas son la proyección de la energía, ya sea cuando se quiere lograr algún acto de magia específico como un logro: una casa, una negociación, una armonización, más unión entre la misma pareja o dinero mismo, se realiza a través de la descarga, se magnetiza la idea y se logra un beneficio. Pero cuando no existe una motivación específica, sino el acto en sí, y no hay una unión perfecta se pierde la energía, se dispersa. Si hay una unión se recargan ambas personas porque recicla la energía a través de ambos cuerpos, y hay una carga fabulosa de energía y ambos se sienten llenos, la mente más lucida, cargados de energía de optimismo y positivismo, que también los ayuda a evolucionar espiritualmente porque al tener mayor cantidad de energía, tienen mayor fuerza espiritual.

En el caso, de que el mago sea el hombre y la mujer sin el suficiente poder, se puede realizar el sexo de una manera personal. O sea, que la mujer satisfaga al hombre, en el caso de que el hombre sea un mago, pero la mujer no tiene ni idea de eso y tampoco quiere, ni comprende cómo se realiza la magia sexual. Entonces, la mujer satisface al hombre y el hombre se encarga de proyectar esta energía solo, sin la ayuda de ella. Ella lo que va a hacer es motorizar la excitación, llevarlo al clímax, llevarlo al orgasmo y él lo que va hacer es proyectar esa energía para un logro específico.

La preparación para un ritual de magia debe ser por lo menos con una semana de anticipación. Se debe buscar la excitación diaria y constante, pero sin llevar a cabo el acto sexual ni eyacular esa energía acumulada - que sería como el detonante que impulsará el cohete de la realización mágica. Si se está casado, la pareja debe tener el total entendimiento, si vive solo se puede realizar el acto de magia sin decirle a la pareja lo que se quiere lograr, aunque al realizarlo igualmente dará resultado, porque la pareja hará el papel neutro mental, pero generara energía por la excitación y por el orgasmo. Estando conscientes los dos, proyectan ambas energías la suya y la de su pareja -con fuerza y directamente a energizar la forma y pensamiento de la motivación que deseada a lograr. Esta preparación debe realizarse con 7 días de anticipación mínimo, y después de esa abstinencia pero llena de excitaciones a diario, realizar el acto de magia sexual. Imagínense todo durante una semana, excitarse durante un tiempo X pero sin realizarlo sino al séptimo día, es una energía multiplicadora por siete donde lo que va a salir en energía luminosa es tremendo. El poder expansivo de la energía del impulso sexual es asequible para todos los que lo aceptan como tal, porque Dios nos dio a todos una preparación psíquica, física y espiritual para generar esa energía. Todos nosotros somos creadores, somos impulsores de energía y podemos lograr todo lo que queremos, simplemente muchos no han descubierto que tienen un tesoro en sí mismos y lo botan a diario cuando no se dan cuenta. Si se experimenta sentimiento negativo de impropiedad o culpa, es importante actuar para obtener una comprensión mejor de usted mismo antes de embarcarse en los usos más poderosos del impulso sexual.

Obviamente que el que no esté preparado, no comprende, tiene temor o piensa que está haciendo mal es mejor que no lo haga hasta que no tenga claro lo que está haciendo. Cada ser humano debe aceptar el cuerpo humano y el sexo como íntegros y puros, lo único remotamente malo referente a ello son las impresiones torcidas que se sueltan en ocasiones en la mente de las personas. Desarraigar cualquier idea negativa que pueda tener con respecto a ese acto o impulso sexual, es necesario para proyectar la idea de una manera potente. Este es un impulso natural, y debemos aceptarlo como un don precioso del creador. Si nosotros no tuviéramos que hacer eso, ni tendríamos una mente consciente, ni tendríamos un cuerpo generador de energía tan poderosa como es la energía sexual.

Ahora, ¿qué es el Tantra Yoga?

EI Tantra Yoga es el estudio de la magia sexual, es el estudio y la aplicación práctica de la magia sexual, no necesariamente a través del tantra sexual se logra cosas buenas, a veces son cosas malas. A veces, se proyecta a través del tantra sexual dominio sexual sobre otras personas, se hace magia negra.

La unión ideal implica la unión perfecta de cuando menos cuatro aspectos espirituales y materiales: espíritu, mente, emoción y cuerpo físico. Los resultados de esta unión sexual ideal es una nueva dimensión de poder puro, lo mismo que una nueva dimensión de experiencias de tipo sexual -espiritual que es tan indescriptible como la experiencia mística misma. Implica esto, que cuando proyectamos una unión entre lo físico y lo espiritual logramos una unión de orgasmo místico. El orgasmo se siente físicamente por el gozo físico y psíquico, pero logramos proyectar a nivel místico la energía que generamos.

Yo creo que la pareja tiene que tomar consciencia de que esto sucede porque cada uno a través de su experiencia sexual se da cuenta muchas veces de que no todas las relaciones, aun siendo con su mismo compañero, tienen el mismo resultado. No siempre la culminación de ese acto sexual te deja la misma sensación.

Lógico, porque hay diferencias, dependiendo del momento en que se hace. Cuando ello ocurre en luna menguante a lo mejor tiene menos energía, menos capacidad. Si la aspectación astrológica está negativa, entonces no te sientes en tu mejor momento, lleno de energía, no te sientes tan sexual. Por ejemplo, si la luna está llena, en la plenitud del influjo, se hace con más fuerza, con más energía. El poder es generador de la utilización de la unión sexual con el propósito de transferir energía, una vez que esté bien dominado el arte de la transferencia de energía, uno está capacitado para aprender el empleo último de la energía sexual en la creación de formas-pensamientos. Cuando se realiza la magia sexual se puede realizar con un propósito general como: prosperidad, salud, amor, etc. O puede realizarse uno específicamente como la venta de una propiedad, la compra de un nuevo carro o un nuevo empleo. Hemos de concluir que siempre podemos tener una motivación secundaria en el acto sexual. La primera es la unión, el amor, el compartir, el disfrute pero la segunda puede ser el bienestar, la salud de uno mismo o de otros porque uno puede proyectar esa energía hacia otras personas. Lo recomendable es siempre para uno mismo, porque esa es su propia energía que se debería utilizar para uno mismo y no dispersarla, pero lo más importante es tener la idea clara de lo que se quiere lograr y compartirlo con la pareja. Lo usual es estar en la búsqueda de la pareja ideal. La pareja ideal es la que nos carga de energía, la que nos motiva, la que incrementa nuestra capacidad proyectora. ¿Por qué? porque a mayor energía mayor poder mental sale con más fuerza la idea-pensamiento. La idea-pensamiento es algo que nosotros queremos, pero si no la cargamos con la suficiente energía no tiene fuerza para llegar lejos ni tiene un motor específico para buscar la realización de ella misma. De esta forma, nosotros lo que queremos es que cuando proyectamos una idea-pensamiento de algo que queremos, cargarla con la suficiente energía para que tenga fuerza y busque la realización en la parte física. Si no tiene suficiente energía, no tiene fuerza para realizarse. Esto significa, que la energía proyectada es directamente proporcional a la realización final ulterior del pensamiento-idea. Mientras más energía proyectamos más rápido se materializa lo que queremos y mientras menos energía más tarda o no se da en absoluto. Porque si uno no carga de energía, es como un cañonazo, si uno no mete bastante pólvora la bola de hierro no sale lejos, pero si tú pones bastante pólvora el cañón explota y manda la bola lejos. Entonces la energía generada es directamente proporcional al resultado final.

La energía siempre está allí, el resultado es depende de cómo se utilice esa energía.

El uso último de la energía sexual es energizar una forma-pensamiento construida durante la etapa de transferencia de energía y súper-energizarla durante el acto sexual. El ritual completo para dominar la energía sexual es una forma-pensamiento poderosa y está proyectada para unir todos los poderes de su magia en una fuerza irresistible que debe obedecer a órdenes bien definidas. La práctica y solo la práctica ayuda a los adeptos a magos para poder realizar una magia sexual poderosa y con resultados satisfactorios. Finalmente concluimos, que cuando nosotros canalizamos correctamente esa energía, la unimos, la compartimos entre dos automáticamente cargamos de energía la forma-pensamiento y hay un resultado óptimo positivo para lo que queremos lograr. En dos palabras, hay que utilizar y no dispersar la energía.

Made in the USA
Columbia, SC
22 October 2020